BEI GRIN MACHT SICH IHR WISSEN BEZAHLT

AF144787

- Wir veröffentlichen Ihre Hausarbeit,
  Bachelor- und Masterarbeit

- Ihr eigenes eBook und Buch -
  weltweit in allen wichtigen Shops

- Verdienen Sie an jedem Verkauf

Jetzt bei www.GRIN.com hochladen und kostenlos publizieren

Bibliografische Information der Deutschen Nationalbibliothek:

Die Deutsche Bibliothek verzeichnet diese Publikation in der Deutschen National-bibliografie; detaillierte bibliografische Daten sind im Internet über http://dnb.d-nb.de/ abrufbar.

Impressum:

Copyright © 2015 GRIN Verlag, Open Publishing GmbH
Druck und Bindung: Books on Demand GmbH, Norderstedt Germany
ISBN: 9783668301085

Dieses Buch bei GRIN:

http://www.grin.com/de/e-book/340641/rassenhygiene-in-der-ns-zeit-als-beispiel-fuer-die-anwendung-des-sozialdarwinismus

Anonym

Rassenhygiene in der NS-Zeit als Beispiel für die Anwendung des Sozialdarwinismus

GRIN Verlag

GRIN - Your knowledge has value

Der GRIN Verlag publiziert seit 1998 wissenschaftliche Arbeiten von Studenten, Hochschullehrern und anderen Akademikern als eBook und gedrucktes Buch. Die Verlagswebsite www.grin.com ist die ideale Plattform zur Veröffentlichung von Hausarbeiten, Abschlussarbeiten, wissenschaftlichen Aufsätzen, Dissertationen und Fachbüchern.

Besuchen Sie uns im Internet:

http://www.grin.com/

http://www.facebook.com/grincom

http://www.twitter.com/grin_com

Der Sozialdarwinismus anhand des Beispiels der Rassenhygiene im Dritten Reich

1. Alfred Rosenbergs „Rassenseele"

„Geschichte und Zukunftsaufgabe bedeuten nicht mehr Kampf von Klasse gegen Klasse nicht mehr Ringen zwischen Kirchendogma und Dogma sondern die Auseinandersetzung zwischen Blut und Blut, Rasse und Rasse, Volk und Volk. Und das : Ringen von Seelenwert gegen Seelenwert."[1]

Alfred Rosenberg, der oft als Chefideologe des nationalsozialistischen Regimes bezeichnet wird, zeigt mit dieser Aussage eine für die NS-Ideologie beispielhafte Ansicht. Nach Hitlers „Mein Kampf" bildet Rosenbergs „Mythus des 20. Jahrhundert" das zweitwichtigste Werk über die NS-Ideologie.[2] Auf über 700 Seiten erklärt Alfred Rosenberg darin das Verhältnis zwischen den Rassen. Für Rosenberg stehen nicht die kommunistische Theorie des Klassenkampfes nach Marx und Engels oder der Streit zwischen weltlicher und säkularer Macht im Fokus, sondern viel mehr der Kampf zwischen den verschiedenen Rassen. Er vertritt im Bezug darauf eine mythische Vorstellung, denn seiner Ansicht nach ist das deutsche Volk durch eine Rassenseele vereint. Dies ist eine für den Nationalsozialismus untypische Darstellung, da dieser sich hauptsächlich wissenschaftlicher Erkenntnisse aus dem Bereich der Biologie bedient. Die Legitimation der Ideologie basiert auf dem Sozialdarwinismus, der Mechanismen aus Charles Darwins Evolutionslehre auf die menschliche Gesellschaft anwendet. Aus dieser Übertragung folgt auch eine praktische Anwendung: die im Dritten Reich als Rassenhygiene bezeichnete Eugenik. Das Ziel dieser künstlichen Selektion war die Verbesserung des Genpools, im Nationalsozialismus die Reinhaltung der arischen Rasse.[3]

Mit diesem Themenbereich befasst sich diese Seminararbeit. Zunächst soll der Darwinismus erläutert werden und anschließend die Grundsätze des Sozialdarwinismus, um die Hintergründe für den zweiten Teil der Arbeit darzustellen. Dieser beschäftigt sich mit der Rassenhygiene zur Zeit des Nationalsozialismus als Beispiel für die Anwendung des Sozialdarwinismus. Abschließend befasst sich diese Arbeit mit der Frage, inwieweit auch heute noch derartiges Gedankengut angewandt wird.

---

[1] Rosenberg, A., Der Mythus des 20. Jahrhunderts, S.1/2.
[2] Vgl. Piper, E., Alfred Rosenberg. Hitlers Chefideologe.
[3] Vgl. Lenz, M., Evolutionstheorien in den Natur- und Sozialwissenschaften in http://www.politische-bildung-brandenburg.de/node/9288; Zugriff am 31.10.2015

2. VomDarwinismuszumSozialdarwinismus

Im Jahr 1859 erscheint Charles Darwins Hauptwerk „On the Origin of Species by Means of Natural Selection, or the Preservation of Favoured Races in the Struggle for Life"[4], das die theoretische Basis des Sozialdarwinismus darstellt. Circa achtzig Jahre später rechtfertigt es eine ideologisch begründete Ermordung von Millionen von Menschen wissenschaftlich.

2.1 Die Grundsätze des Darwinismus als sozialdarwinistische Grundlage

Charles Darwins Evolutionstheorie besagt, dass sich alle Lebewesen in einem langen Entwicklungsprozess, der durch verschiedene Faktoren beeinflusst wurde, allmählich und schrittweise entwickelt haben. Insbesondere seine in „The Origin of Species" vorgestellte Selektionstheorie war von großer Bedeutung für die Rechtfertigung des Sozialdarwinismus.

Laut Darwin ist die Voraussetzung für den Prozess der natürlichen Auslese eine Überproduktion von Nachkommen, damit die Gesamtpopulation trotz der Individuenzahl, die der Selektion zum Opfer fällt, konstant bleibt. Diese Nachkommen unterscheiden sich untereinander geringfügig, was aus heutiger Sicht auf genetische Variabilität und somit auf Mutationen und die Vermischung von Erbmaterial durch die Rekombination zurückzuführen ist. Diese Unterschiede können ein Vor- oder Nachteil sein im „Kampf ums Dasein", dem „struggle for life", in dem sich etwas besser angepasste Organismen durchsetzen, überleben und sich mit einer höheren Wahrscheinlichkeit fortpflanzen („survival of the fittest"). Den schlechter angepassten Individuen wird durch den Konkurrenzkampf, also durch Selektion und sexuelle Zuchtwahl, die Weitergabe von Merkmalen an ihre Nachkommen verwehrt.

Die Theorie besagt, dass aus der natürlichen Auslese im Lauf der Zeit eine schrittweise bessere Angepasstheit der Lebewesen folgt, die letztendlich zu einem Wandel der Arten führt.

Darwin unterscheidet die „natürliche Zuchtwahl" von der „künstlichen Zuchtwahl", wobei letztere durch den Menschen vollzogen wird.[5] Er erklärt den Unterschied zwischen den

---

[4] Vgl. Darwin, C., On the Origin of Species by Means of Natural Selection, or the Preservation of Favoured Races in the Struggle for Life.
[5] Vgl. Waibl, E., Ökonomie und Ethik II. Die Kapitalismusdebatte von Nietzsche bis Reaganomics, S.62

beiden Begriffen folgendermaßen: „Der Mensch wählt nur zu seinem Vorteil aus, die Natur nur zum Besten des Geschöpfes selbst."[6]

Durch die Verwendung der Theorie als wissenschaftliche Legitimation und Grundlage des Sozialdarwinismus, entstand die Debatte um sozialdarwinistische Anklänge in Darwins Werken selbst. Ein Beispiel für eine terminologische Anlehnung bildet der Begriff „survival of the fittest", den sich Charles Darwin zu eigen machte. Dieser war von Herbert Spencer, einem englischen Soziologen und Philosophen, erstmals 1852 verwendet worden, als er als Erster Lamarcks Evolutionstheorie auf die Gesellschaft anwandte.[7] Auch inhaltlich machte Darwin Zugeständnisse an den Sozialdarwinismus.

Er betont die Kontraproduktivität von Maßnahmen zur Armen- und Behindertenpflege in seinem 1871 erschienenen Werk „Die Abstammung des Menschen". Über Armenhilfe und Pflegeheime für körperlich und psychisch Kranke äußert Darwin sich folgendermaßen:

„Hierdurch geschieht es, daß auch die schwächeren Glieder der zivilisierten Gesellschaft ihre Art fortpflanzen. Niemand, welcher der Zucht domestizierter Tiere seine Aufmerksamkeit gewidmet hat, wird daran zweifeln, daß dies für die Rasse des Menschen im höchsten Grad schädlich sein muß."[8]

Aus seiner Sicht folgt aus solchen der natürlichen Selektion entgegenwirkenden Bestrebungen die Degeneration der menschlichen Rasse.[9] Zudem wehrte er sich nie gegen die Verwendung seiner Theorie im sozialdarwinistischen Zusammenhang. Andererseits sprach Darwin von einem „Instinkt der Sympathie", den man nicht unterdrücken könne, „ohne daß dadurch unsere edelste Natur an Wert verlöre"[10]. Somit müssten wir uns mit den negativen Konsequenzen der Fortpflanzung der biologisch Schwachen abfinden.

Trotz solcher Aussagen und der Tatsache, dass er von Zeitgenossen zum Teil als empathischer Mensch beschrieben wird, der die Sklaverei verabscheute, so kann man in Charles Darwins Werken deutliche Ansätze des Sozialdarwinismus sehen.[11]

---

[6] Waibl, E., Ökonomie und Ethik II. Die Kapitalismusdebatte von Nietzsche bis Reaganomics, S.62.

[7] Vgl. ebd., S.68.

[8] Ebd., S.69.

[9] Vgl. ebd., S.69/70.

[10] Schmuhl, H.-W., Rassenhygiene, Nationalsozialismus, Euthanasie. Von der Verhütung zur Vernichtung >lebensunwerten Lebens< 1890-1945 Band 75 hg. von Bending, H. u.a., S.60.

[11] Vgl. Waibl, E., Ökonomie und Ethik II. Die Kapitalismusdebatte von Nietzsche bis Reaganomics, S.69/70.

Zudem bot das „Bevölkerungsgesetz" des britischen Ökonomen Thomas Malthus, der als der erste Sozialdarwinist noch vor Darwin gilt, Anstoß für dessen Selektionstheorie.[12] Malthus „zufolge vermehrten sich die Menschen in geometrischer, die Subsistenzmittel dagegen im günstigsten Fall in arithmetischer Progression"[13]. Somit stünde die Menschheit ohne die natürliche Auslese vor einem Problem: Die Erde hätte nicht die Kapazitäten, um alle Menschen mit einer ausreichenden Menge an Ressourcen zu versorgen. Aus diesem Grund gewährleistet die Selektion das Überleben der Menschheit, indem einige Menschen ihr zum Opfer fallen.

Man sollte laut Malthus nicht versuchen gegen dieses unausweichliche Naturgesetz zu kämpfen. Der Ökonom rät Armut sozial zu ächten, statt Nächstenliebe hervorzurufen. Die limitierten Ressourcen fordern den Menschen heraus und geben ihm aus seiner Sicht die Motivation, sich zu zivilisieren.[14] Deshalb müssen zivilisierte Gesellschaften „notwendigerweise disegalitäre Gesellschaften sein, die komplementär von der Klasse der Besitzenden und der Klasse der eigentumslosen Arbeitenden gebildet werden"[15].

Die Tatsache, dass der Sozialdarwinismus solche Gesellschaft legitimieren konnte, half im 20. Jahrhundert bei seiner Verbreitung in ganz Europa. Außerdem „kam der Überzeugungskraft des Sozialdarwinismus zugute, daß er die Gesetzmäßigkeiten der gesellschaftlichen Entwicklung mit rationellen und empiristischen Methoden zu erklären schien"[16].

2.2 Der sozialdarwinistische Staat-Grundsätze des Sozialdarwinismus

Grundsätzlich definiert sich der Sozialdarwinismus als die Übertragung der biologischen Erkenntnisse Darwins auf die menschliche Gesellschaft. Der Sozialdarwinist möchte mit harter Rationalität der natürlichen Auslese ihren Lauf lassen. Ein idealer sozialdarwinistischer Staat würde somit soziale Umverteilung strikt ablehnen. Armenhilfe und andere soziale Maßnahmen haben das Ziel, die aus ihrer Sicht natürliche Ungleichheit zwischen Menschen

---

[12] Vgl. Waibl, E., Ökonomie und Ethik II. Die Kapitalismusdebatte von Nietzsche bis Reaganomics, S.66.

[13] Schmuhl, H.-W., Rassenhygiene, Nationalsozialismus, Euthanasie. Von der Verhütung zur Vernichtung >lebensunwerten Lebens< 1890-1945 Band 75 hg. von Bending, H. u.a., S.50.

[14] Vgl. Waibl, E., Ökonomie und Ethik II. Die Kapitalismusdebatte von Nietzsche bis Reaganomics, S.64.

[15] Ebd., S.65.

[16] Mayer, A. J., Adelsmacht und Bürgertum, S.278.

auszugleichen, wa als kontraselektorisch angesehen wird. Eine solche Sozialpolitik arbeitet gegen die natürliche Auslese und unterstützt die Fortpflanzung biologisch gesehen schwacher Menschen. Für Herbert Spencer führt dies zu einer Degeneration der Gesellschaft, da eine „Gesundheitspolitik, welche die Überlebens- und Fortpflanzungschancen der Schwachen erhöht"[17], nur kurzfristig Probleme löst. Auf lange Frist gesehen führt sie zu neuen Krankheiten und unter Einbezug heutiger Kenntnisse über Genetik zu einer Verschlechterung des Genpools. Somit ist die sozialdarwinistisch gesehen humane Lösung, nicht einzugreifen. Spencer spricht sich deshalb für eine aus seiner Sicht gerechte und barmherzige „rationelle Politik" aus, die sich der Selektion nicht entgegen stellt.[18]

Der externe Sozialdarwinismus bietet die Legitimation des „Kampfes zwischen Kollektiven (Völker und Rassen)"[19]. Der sozialdarwinistische Idealstaat würde somit seine kolonialistischen und imperialistischen Bestrebungen rechtfertigen können. Außerdem würde er den Bellizismus vertreten, der eindeutig zum sozialdarwinistischen Weltbild gehört, da er für viele Sozialdarwinisten ein Teil der natürlichen Selektion ist.[20] Gemäß des sozialdarwinistischen Ideals konkurrieren im Krieg Menschen ums Überleben, wobei der Stärkere sich durchsetzt. „Man müsse allerdings dafür sorgen, dass er die „schlechteren Individuen" oder die „schlechten Varianten" der Bevölkerung und nicht seine besten Elemente dezimiere"[21], betont Friedrich Nietzsche.

Für Herbert Spencer ist in diesem Zusammenhang die zivilisierte Kriegsführung das Problem, da nur ein Teil der männlichen Bevölkerung ausgewählt wird. Somit kämpfen meist nur die jungen, gesunden und starken Männer und die körperlichen Schwachen bleiben in der Heimat und pflanzen sich fort.[22] In der modernen Zivilisation soll sich dieser „Reinigungsprozess" im industriellen Krieg fortsetzen. Für Spencer bedeutete dieser Begriff nicht, dass in einem Krieg viele industriell entwickelte und hergestellte Waffen verwendet werden, sondern die

---

[17] Waibl, E., Ökonomie und Ethik II. Die Kapitalismusdebatte von Nietzsche bis Reaganomics, S.72.

[18] Vgl. ebd., S.72.

[19] Ebd., S.68.

[20] Vgl. Losurdo, D., NIETZSCHE der aristokratische Rebell. Intellektuelle Biographie und kritische Bilanz. Band II Nietzsche und die antidemokratische Reaktion. Politik und theoretischer Überschuss hg. von Rehmann, J., S.691.

[21] Ebd., S.691.

[22] Vgl. Waibl, E., Ökonomie und Ethik II. Die Kapitalismusdebatte von Nietzsche bis Reaganomics, S.71.

Forderung eines konkurrenzgetriebenen Lebens in der Gesellschaft. Sein Idealstaat würde somit „die Verdrängungs- und Vernichtungskonkurrenz nicht behindern, sondern zu freier Entfaltung"[23] bringen. In diesem Punkt stimmt er vollkommen mit dem deutschen Sozialdarwinisten Alfred Ploetz überein. Dieser lehnt beispielsweise in seinem Werk „Die Tüchtigkeit unserer Rasse und der Schutz der Schwachen" das Erbrecht ab, „da die Möglichkeit vorliegt, dass im wirtschaftlichen Wettkampf vortreffliche Eltern in ihren Nachkommen entarten und diese nur durch ererbtes Vermögen Schutz genießen würden"[24].

Zur sozialdarwinistischen Haltung gehört auch die Wirtschaftsform des Kapitalismus, die durch den internen Sozialdarwinismus legitimiert wird. Dieser bezieht sich auf den Kampf zwischen Individuen, weshalb das sozialistische Streben nach Gleichheit von Sozialdarwinisten verabscheut wird. Außerdem hat diese Einstellung dazu geführt, dass mit der Prägung des Begriffs des Wirtschaftsdarwinismus sich der Sozialdarwinismus auch als eine ökonomische Haltung manifestieren konnte. Ganz nach kapitalistischer Vorstellung sollen Unternehmen um ihre Existenz kämpfen. Der Konkurrenzkampf soll, genau wie in der Biologie, zu ständiger Verbesserung beziehungsweise kontinuierliche Anpassung an die sie umgebenden Umstände führen.[25] Der sozialdarwinistische Idealstaat hätte somit wohl die Wirtschaftsordnung der reinen freien Marktwirtschaft. Durch alle erwähnten Maßnahmen würde der ideale sozialdarwinistische Staat der Selektion ihren Lauf lassen, indem er nicht in den zwischenmenschlichen Konkurrenzkampf eingreift.

3. DieRassenideologieimNationalsozialismus

Die nationalsozialistische Ideologie ist zu einem großen Teil durch den Rassegedanken geprägt. Die Unterscheidung zwischen höher- und minderwertigen Rassen und das Vorhaben, Letztere zu vertreiben oder zu vernichten, spielten in der Zeit des Dritten Reiches eine wichtige Rolle. Die Rechtfertigung dieser Maßnahmen bot der Sozialdarwinismus, der sich im 20. Jahrhundert auch in Deutschland zeigte.

---

[23] Waibl, E., Ökonomie und Ethik II. Die Kapitalismusdebatte von Nietzsche bis Reaganomics, S.71.

[24] Ploetz, A., Die Tüchtigkeit unserer Rasse und der Schutz der Schwachen, S.146.

[25] Vgl. Waibl, E., Ökonomie und Ethik II. Die Kapitalismusdebatte von Nietzsche bis Reaganomics, S.70.

3.1 Der deutsche Sozialdarwinismus

In seinem zunächst anonym veröffentlichten Werk „Volksdienst" forderte der Deutsche Alexander Tille folgendes:

„[O]pfern wir unsere Krüppel und Angeseuchten und deren Nachkommen, damit Raum bleibe für die Söhne der Gesunden und Starken, und keine Vermischung mit erblich Belasteten ihnen schleichendes Gift in die Adern trage. Opfern wir das Schwache dem Starken, das Häßliche dem Schönen."[26]

In dieser Aussage wird deutlich, dass der deutsche Sozialdarwinismus, obwohl er grundsätzlich mit beispielsweise der britischen Auffassung übereinstimmte, einen Schritt weiter gehen wollte. Bekannte deutsche Autoren wie Alexander Tille, Alfred Ploetz und Wilhelm Schallmayer betonten genau wie englische Sozialdarwinisten die Abhängigkeit der gesellschaftlichen Entwicklung von der natürlichen Auslese. Tille nahm an, dass die Verhinderung der Selektion „aus religiösem Vorurteil vielleicht sogar eine Schwächung des Durchschnittsmenschen hervorgerufen hat"[27]. Entgegen dem vorherrschenden christlichen Ideal der Nächstenliebe sollten „kontraselektorische" Maßnahmen, die dazu führen, dass Schwächeren das Leben erleichtert wird, unterlassen werden.[28] Doch der deutsche Sozialdarwinismus wollte zusätzlich noch eingreifen: „Im Vordergrund [...] stand der Gedanke, schwache, körperlich mißgebildete und geistig behinderte Neugeborene unter erbpflegerischen Gesichtspunkten auszusondern und abzutöten."[29] Alfred Ploetz sah die „Notwendigkeit einer selbstständigen Wissenschaft der biologischen Hebung der Rasse"[30]. Hierfür sollten Maßnahmen der negativen Eugenik, also die Minderung von als minderwertig angesehenen Genen, angewandt werden. Ebenso wie Schallmayer problematisierte Ploetz einen möglichen Degenerationsprozess der menschlichen Rasse, der mit Eingriffen in die Fortpflanzung und anderen Maßnahmen aufgehalten werden sollte.[31] Friedrich Nietzsche

---

[26] Tille, A., Volksdienst. Von einem Sozialaristokraten, S.328.

[27] Schmuhl, H.-W., Rassenhygiene, Nationalsozialismus, Euthanasie. Von der Verhütung zur Vernichtung >lebensunwerten Lebens< 1890-1945 Band 75 hg. von Bending, H. u.a., S.41.

[28] Vgl. Waibl, E., Ökonomie und Ethik II. Die Kapitalismusdebatte von Nietzsche bis Reaganomics, S.78.

[29] Schmuhl, H.-W., Rassenhygiene, Nationalsozialismus, Euthanasie. Von der Verhütung zur Vernichtung >lebensunwerten Lebens< 1890-1945 Band 75 hg. von Bending, H. u.a., S.31.

[30] Doeleke, W., Alfred Ploetz (1860-1940).Sozialdarwinist und Gesellschaftsbiologe, S.13 zit. nach Schmuhl, H.-W., Rassenhygiene, Nationalsozialismus, Euthanasie. Von der Verhütung zur Vernichtung >lebensunwerten Lebens< 1890-1945 Band 75 hg. von Bending, H. u.a., S.33.

[31] Schmuhl, H.-W., Rassenhygiene, Nationalsozialismus, Euthanasie. Von der Verhütung zur Vernichtung >lebensunwerten Lebens< 1890-1945 Band 75 hg. von Bending, H. u.a., S.30.

stellte in diesem Zusammenhang diese Frage: „Warum sollten wir nicht am Menschen zustande bringen, was die Chinesen am Baume zu machen verstehen"[32]? und beantwortet sie mit folgendem Gedanken: „Jene Naturprozesse der Züchtung des Menschen z.b., welche bis jetzt grenzenlos langsam und ungeschickt geübt wurden, könnten von den Menschen in die Hand genommen werden."[33] Diese Aussagen zeigen die Faszination vieler deutscher Denker für die künstliche Zuchtwahl. Laut Ploetz müsse vor der Umsetzung dieser Theorie eine „Feststellung der Gesamtrichtung des Entwickelungsprozesses, ob Degeneration, Erhaltung oder fortschreitende Entwicklung"[34] durchgeführt werden, die wiederum durch die Vererbungslehre möglich sei. Durch August Weismanns 1885 aufgestellte Keimplasmatheorie kam die Erkenntnis auf, dass ein Teil des Erbmaterials über Generationen hinweg weitervererbt wird, ohne dass äußere Einflüsse dies ändern können. Seine Theorie dient Rassenhygienikern als Argument für den hereditären Determinismus, der später im Nationalsozialismus besonders im antisemitischen Kontext vertreten wurde.[35]

3.2 Die nationalsozialistische Rassenlehre

Richard Tüngel, Mitbegründer der Zeitung *Die Zeit*, äußerte 1946 in einem Artikel folgendes:

„Der Deutsche wurde der Inbegriff des Ariers schlechthin. Man muß diese unheimliche Macht des Wortes verstehen, das alle Gedanken längst unterjocht hatte und alle Gefühlsregungen beherrschte, wenn man einsehen will, welche Vorstellungen Hitler und alle, die an ihn glaubten, in den letzten Jahren beherrschten."[36]

Tüngel behandelt das Wort „Arier" mit einer gewissen Ehrfurcht, die die große Bedeutung dieses idealistischen Konzepts in der nationalsozialistischen Ideologie veranschaulicht. Als Arier oder auch germanische Herrenmenschen bezeichnete man die Mitglieder der so

---

[32] Losurdo, D., NIETZSCHE der aristokratische Rebell. Intellektuelle Biographie und kritische Bilanz. Band II Nietzsche und die antidemokratische Reaktion. Politik und theoretischer Überschuss, S.602.

[33] Ebd.

[34] Ploetz, A., Ziele und Aufgaben der Rassenhygiene. Leitsätze, zit. nach Mann, G., Rassenhygiene - Sozialdarwinismus in Mann, G. (Hg.), Biologismus im 19. Jahrhundert, S.85.

[35] Vgl. Schmuhl, H.-W., Rassenhygiene, Nationalsozialismus, Euthanasie. Von der Verhütung zur Vernichtung >lebensunwerten Lebens< 1890-1945 Band 75 hg. von Bending, H. u.a., S.58.

[36] Tüngel, R., Der Arier in http://www.zeit.de/1946/01/der-arier/komplettansicht; Zugriff am 31.10.15

genannten Volksgemeinschaft, die durch eine gemeinsame Abstammung von den Germanen verbunden sein sollten. Die gemeinsame biologisch- genetische Basis sollte sich auch im typisch arischen Aussehen und Verhalten bemerkbar machen.

In seiner Rede „Warum sind wir Antisemiten?", in der der Begriff der Volksgemeinschaft erstmals verwendet wurde, erklärt Adolf Hitler den Unterschied zwischen Juden und Ariern im Bezug auf Arbeit und Staat. Die Überlegenheit der Arier sieht er in der Tatsache, dass sie die ersten Rassen gewesen sein sollen, für die Arbeit keinen Zwang, sondern eine Notwendigkeit darstellte. Und da die Arbeit eine soziale Pflicht bei der Staatenbildung darstelle, sei die Gesundheit und Reinheit der Rasse die Voraussetzung für einen guten Staat.[37] Er sollte also so genannte „Volksschädlinge" oder auch „Asoziale" aus der Volksgemeinschaft ausschließen. Zu diesen gehörten Juden, Homosexuelle, Sinti und Roma, Juden und andere politische Gegner. Diese Ablehnung von Nächstenliebe gegenüber allen Gegnern des Nationalsozialismus zeigt deutlich sozialdarwinistische Züge. Menschen, die den genannten Gruppen angehörten, erfuhren soziale Ausgrenzung, den wirtschaftlichen Ruin, politische Verfolgung und zum Teil die Folter und Ermordung in den zahlreichen Konzentrationslagern. Insbesondere die jüdische Minderheit litt im nationalsozialistischen Deutschland. Der im 19. Jahrhundert verwurzelte Rassenantisemitismus wurde im Dritten Reich genutzt, um die jüdische Rasse als Feindbild zu etablieren. Die angenommene Minderwertigkeit der Juden wurde durch den genetischen beziehungsweise hereditären Determinismus begründet. Äußerlich waren sie in der nationalsozialistischen Vorstellung durch ihre dunklen Haare und vor allem durch ihre Hakennase gekennzeichnet. Und auch gewisse Charaktereigenschaften galten als genetisch begründet: Juden wurden als geizig, geldgierig, parasitär und unselbstständig beschrieben. Hitler erklärte in seiner Rede im Münchner Hofbräuhaus, dass die Arbeit der Juden prinzipiell aus Diebstahl bestehe. Außerdem sei der Jude generell egoistisch und materialistisch und deshalb dem Staagegenüber zerstörerisch wirksam.[38] Zudem wolle er alles Kraftvolle zerstören, das „entschlossen ist, nationale Verbrecher, d.h. Schädlinge an der Volksgemeinschaft, nicht unter sich zu dulden"[39]. Somit beschloss Hitler, die Juden zu vernichten, bevor sie das mit dem deutschen Volk tun können.

---

[37] Vgl. Jäckel, E. u.a., Hitler. Sämtliche Aufzeichnungen 1905 - 1924, S. 184-195.

[38] Vgl. ebd.

[39] Jäckel, E. u.a., Hitler. Sämtliche Aufzeichnungen 1905 - 1924, S. 184-195.

Zur Akzeptanz der nationalsozialistischen Ideologie und ihrem Rassenantisemitismus durch die Bevölkerung gehörte ein Wertewandel, der sich laut einiger Historiker um 1933 vollzog. Vor dieser Zeit herrschte eine weitgehend liberal-demokratische Grundordnung, die mit bürgerlichen Werten und Normen wie der Rechtsgleichheit und garantierten Menschenrechten einherging.[40] Durch den Aufstieg der NSDAP wandelte sich das Weltbild und die rassenhygienisch begründete Ausgrenzung, Verfolgung und Ermordung von Minderheiten wurde für viele Bestandteil des deutschen Weltbildes.

3.3 DieMaßnahmenundZielederRassenhygiene

In Adolf Hitlers Rede auf dem Nürnberger Parteitag 1929 tätigt er folgende Aussage:

„Würde Deutschland jährlich eine Million Kinder bekommen und 700000 bis 800000 der Schwächsten beseitigen, dann würde am Ende das Ergebnis vielleicht sogar eine Kräftesteigerung sein."[41]

Bereits früh bezogen die Nationalsozialisten um Hitler negative Eugenik, also die Reduzierung „schlechten" Erbmaterials, in ihre Überlegungen ein. Schon vor der Machtübernahme durch die NSDAP strebte Hitler nach dem Ziel der Rassenhygiene und propagierte die Reinhaltung der Rasse und die Gesundheit des Genpools, also der Gesamtheit aller Gene der Rasse. In seinem Werk „Mein Kampf" beschäftigte sich Hitler mit der Problematik von Bevölkerungswachstum und Verarmung im Zusammenhang mit Malthus' Bevölkerungsgesetz.[42] Er folgerte, dass eine allgemeine Beschränkung der Geburtenzahl keine Lösung für die Überbevölkerung ist, da dies dazu führen würde, dass man „das Schwächlichste, ja Krankhafteste um jeden Preis zu >retten<"[43] versucht. Dies hätte wiederum eine Degeneration der Rasse zur Folge, die man aufhalten sollte, indem man gezielt verhinderte, dass Menschen, die eine erbliche Erkrankung haben, Kinder zeugen.

Zu diesem Zweck wurden auch erzwungene Sterilisierungen durch das auch als Erbgesundheitsgesetz bezeichnete „Gesetz zur Verhütung erbkranken Nachwuchses" im Juli

---

[40] Bäuml-Stosiek, D. u.a., Forum Geschichte 11 Bayern, S.196.

[41] Schmuhl, H.-W., Rassenhygiene, Nationalsozialismus, Euthanasie. Von der Verhütung zur Vernichtung >lebensunwerten Lebens< 1890-1945 Band 75 hg. Von Bending, H. u.a., S.152.

[42] Vgl. ebd., S.151.

[43] Hitler, A., Mein Kampf, S.145.

1933 legalisiert.[44] Ein Mensch durfte laut dem Gesetz zur Sterilisation gezwungen werden, „wenn nach den Erfahrungen der ärztlichen Wissenschaft mit großer Wahrscheinlichkeit zu erwarten ist, daß seine Nachkommen an schweren körperlichen und geistigen Erbschäden leiden werden."[45] Nahezu alle durchgeführten Sterilisierungen wurden an Personen mit diagnostizierten, psychischen Krankheiten vorgenommen.[46] Aber auch Alkoholkranken nahm man das Recht, sich fortzupflanzen.[47] Das Erbgesundheitsgesetz wurde im Laufe der Zeit modifiziert, um auch Abtreibungen aus erbpflegerischen Gründen zu legalisieren. Diese waren laut Gesetz von der Zustimmung der Frau abhängig, aber in der Praxis wurde wohl Druck auf die werdenden Mütter ausgeübt.[48]

Eine weitere Maßnahme zur Reinhaltung der Rasse war das „Gesetz zum Schutz des deutschen Blutes und der deutschen Ehre", auch Blutschutzgesetz genannt, das Beziehungen und Ehen zwischen Ariern und Juden verbot. Bereits bestehende Ehen solcher Art wurden für nichtig erklärt und beiden Partnern wurde eine Gefängnisstrafe auferlegt.[49] Diese Maßnahme sollte die befürchtete „Verunreinigung" durch jüdisch- arische Kinder verhindern.

In der so genannten „Aktion T4" wurden über Meldebögen Insassen der „Heil- und Pflegeanstalten" ausgewählt, die als arbeitsuntauglich galten. Es handelte sich bei dieser Sonderaktion um circa 200.000 Menschen mit körperlichen, seelischen oder geistigen Behinderungen, die vergast oder durch die Giftspritze ermordet wurden.[50] Angehörige bekamen Sterbeurkunden mit einer erfundenen Todesursache und wurden darüber unterrichtet, dass die verstorbene Person bereits eingeäschert wurde.[51]

---

[44] Vgl. Schmuhl, H.-W., Rassenhygiene, Nationalsozialismus, Euthanasie. Von der Verhütung zur Vernichtung >lebensunwerten Lebens< 1890-1945 Band 75 hg. von Bending, H. u.a., S.154.

[45] Pohl, D., Verfolgung und Massenmord in der NS-Zeit, S.13f.

[46] Vgl. Schmuhl, H.-W., Rassenhygiene, Nationalsozialismus, Euthanasie. Von der Verhütung zur Vernichtung >lebensunwerten Lebens< 1890-1945 Band 75 hg. von Bending, H. u.a., S.156.

[47] Vgl. Bäuml-Stosiek, D. u.a., Forum Geschichte 11 Bayern, S.217.

[48] Vgl. ebd., S.162-164.

[49] Vgl. ebd., S.199.

[50] Vgl. ebd.

[51] Vgl. Schmuhl, H.-W., Rassenhygiene, Nationalsozialismus, Euthanasie. Von der Verhütung zur Vernichtung >lebensunwerten Lebens< 1890-1945 Band 75 hg. von Bending, H. u.a., S.208.

Die Aktion T4 endete offiziell 1941, da in der Bevölkerung wegen der Tatsache, dass jeder gefährdet sein könne, Beunruhigung aufkam. Die Ermordung in dieser Sonderaktion beschränkte sich nicht nur auf die als feindlich betrachteten Juden, sondern auch auf Kriegsveteranen oder Krankenhauspatienten, wodurch nahezu jeder zum potentiellen Opfer wurde.[52]

Ein Beispiel für eine Maßnahme der nationalsozialistischen Rassenhygiene hat besonders traurige Berühmtheit erfahren: Die Vergasung von Insassen in den Konzentrationslagern. Diese geschah unter dem Aktenzeichen „14f13", das eine Verbindung der Kürzel 13 für die Todesart Vergasung und 14 für einen Todesfall in einem KZ war. Zu großen Teilen betraf die Aktion Juden, aber auch Arier, deren Ermordung durch ihre kommunistische oder allgemein regimefeindliche Einstellung begründet wurde.[53]

In den preußischen Ostprovinzen, Polen und der Sowjetunion liefen die Ermordungen ähnlich wie bei der „Aktion T4" ab, aber sie waren von den Gauleitern selbst initiiert worden. Es gab Massenerschießungen und bewusste Verringerungen der Essensrationen psychisch und physisch Kranker, die zum Hungertod führten. Man baute stationäre Gaskammern oder ließ nicht Arbeitsfähige erfrieren.[54]

Einen weiteren radikalen Schritt machte der Nationalsozialismus, als ein geheimes System zur flächendeckenden Kindereuthanasie aufgebaut wurde. Hebammen und Kinderärzte meldeten missgebildete Neugeborene und ein Reichsausschuss entschied über das Schicksal der Kinder. Wenn der Ausschuss die Euthanasie anordnete, wurde den Eltern angeboten, ihre Nachkommen zu deren eigenem Wohl in „Kinderfachabteilungen", später als „Heilerziehungsanstalten" bezeichnet, zu bringen. Man drohte Eltern, die dies ablehnten, mit der Entziehung des Sorgerechts. In den 30 Heimen wurden die Kinder entweder sofort oder nach einem gewissen Beobachtungszeitraum durch Überdosen bestimmter Medikamente oder einen langsamen Nahrungsentzug getötet. Zudem wurden einige Kinder in den Gaskammern, die der „Erwachseneneuthanasie" in den KZ dienten, vergast.[55]

---

[52] Vgl. Schmuhl, H.-W., Rassenhygiene, Nationalsozialismus, Euthanasie. Von der Verhütung zur Vernichtung >lebensunwerten Lebens< 1890-1945 Band 75 hg. von Bending, H. u.a., S.209.

[53] Vgl. ebd., S.217f.

[54] Vgl. ebd., S.240-247.

[55] Vgl. ebd., S.182-189.

3.4 KritikanderRassenhygiene

Die Rassenhygiene wurde im Nationalsozialismus als rationale Wissenschaft gesehen und auch dementsprechend behandelt. Es gab so genannte Rasseforscher, die an als Rasseinstituten bezeichneten Forschungsanstalten forschten und deren Erkenntnisse im rassekundlichen Unterricht an den deutschen Schulen vermittelt wurden. Die Basis der Rassenhygiene bildete die bereits erwähnte pseudowissenschaftliche Auffassung, dass Charakter und Verhalten eines Menschen durch erbliche Merkmale bestimmt wird. Um also die als minderwertig angesehenen Menschen mit schlechten Merkmalen aussondern zu können, gab die Rassenhygiene unter Berufung auf ihre wissenschaftliche Basis das Recht auf Unversehrtheit des Lebens auf, das eines der grundlegenden Menschenrechte darstellt.[56] Diese wissenschaftliche Grundlage ist aus heutiger Sicht jedoch zweifelhaft, da die im Nationalsozialismus als erblich angesehenen Charaktereigenschaften heute größtenteils auf Sozialisation und sonstige Umweltbedingungen zurückgeführt werden. Auch bei den psychischen Krankheiten, die bei der Euthanasie eine große Rolle gespielt haben, ist aus heutiger Sicht die Vererbung inzwischen keine alleinige Ursache, sondern ein Teil einer komplexen Entwicklung.[57]

Oscar Hertwig weist in seinem Werk „Zur Abwehr des ethischen, des sozialen, des politischen Darwinismus" auf die Tatsache hin, dass die künstliche Zuchtwahl außer Acht lässt, dass sich die von Ploetz hervorgehobene Tüchtigkeit bei manchen Individuen erst entwickelt oder auch erst posthum erkannt wird.[58] Es könnte somit ein verkanntes Genie als minderwertig angesehen werden und der künstlichen Selektion zum Opfer fallen.

Außerdem ist zu kritisieren, dass die Rassenhygiene im Nationalsozialismus einige Rassen als minderwertig, andere hingegen als biologisch höherwertig bezeichnete, ohne dass diese Einteilung wissenschaftlichen Rückhalt besitzt. Die Schlussfolgerung, dass ein Mitglied der Herrenrasse auch den „Kampf ums Dasein" gewinnt, entstammt der ideologischen Überzeugung im Dritten Reich und stellt keine evolutionäre Erkenntnis dar.

Der Historiker Hans-Walter Schmuhl betont auch den realgeschichtlichen kulturellen Kontext und die Tatsache, dass die Rassenhygiene „für diese Form ideologischer Instrumentalisierung

---

[56] Vgl. Bäuml-Stosiek, D. u.a., Forum Geschichte 11 Bayern, S. 196.

[57] Vgl. o.V., https://www.uni-muenchen.de/einrichtungen/zuv/uebersicht/betriebsaerztl_dienst/beratungsstelle/ihre_anliegen/depressionen/index.html; Zugriff am 31.10.15.

[58] Schmuhl, H.-W., Rassenhygiene, Nationalsozialismus, Euthanasie. Von der Verhütung zur Vernichtung >lebensunwerten Lebens< 1890-1945 Band 75 hg. von Bending, H. u.a., S.86.

prädestiniert"[59] sei. Die Wissenschaft der Rassenhygiene entwickelte sich parallel zur zunehmenden Radikalisierung des nationalsozialistischen Eugenikgedankens und ließ sich dementsprechend mit den ideologischen Vorstellungen füllen, um diese zu legitimieren. Durch seine Formelhaftigkeit lässt er sich an einige Ideologien anpassen, denen er Rechtfertigung bieten kann.

Auf die Rassenhygiene treffen auch einige der Kritikpunkte am Sozialdarwinismus zu: Der Sozialdarwinismus weicht insofern von der darwinistischen Evolutionstheorie ab, dass er die Entwicklungsprozesse in einem weitaus kürzeren Zeitraum betrachtet und somit vom Prinzip des langsamen Artwandels durch schrittweise Anpassung stark verzerrt.[60]

Schmuhl erklärt, dass sich der Sozialdarwinismus in einem komplexen Prozess der Rückkopplung mit Soziologie und Ideologie entstanden ist, der die Wissenschaftlichkeit der Evolutionstheorie verfälscht. Außerdem waren die Gedankengänge bei der rassenhygienischen Forschung bereits durch subjektive Wertvorstellungen geprägt, zu deren Legitimation geforscht wurde.[61] Hinzukommen starke ethische Bedenken, da Folter, Vertreibung und Massenmord an Unschuldigen moralisch schwer vertretbar sind.

4. SozialdarwinistischeAnsätzeinderheutigenZeit

Der Sozialdarwinismus wird häufig als historische Ideologie betrachtet, aber auch heute sind sozialdarwinistische Tendenzen sichtbar. Man sieht Ziele und auch Argumentationsweisen, die Sozialdarwinisten im vorletzten Jahrhundert bereits verwendeten.

Die typisch sozialdarwinistische Thematik der künstlichen Zucht von Menschen gelang durch die Fortschritte der Gentechnik zu neuer Wichtigkeit.[62] Die modernen Techniken bieten neue Möglichkeiten in diesem Zusammenhang. Man spricht schon von „Designer-Babys", deren Aussehen, Geschlecht und andere genetisch bestimmte Aspekte von den Eltern gewählt werden können. Wenn die Wissenschaft weit genug entwickelt ist, wäre somit die Erschaffung einer „höheren" Rasse möglich. Zudem zeigt die Existenz einer Samenbank von

---

[59] Schmuhl, H.-W., Rassenhygiene, Nationalsozialismus, Euthanasie. Von der Verhütung zur Vernichtung >lebensunwerten Lebens< 1890-1945 Band 75 hg. von Bending, H. u.a., S.71.

[60] Vgl. ebd.

[61] Ebd.

[62] Vgl. Waibl, E., Ökonomie und Ethik II. Die Kapitalismusdebatte von Nietzsche bis Reaganomics, S.57

15

Nobelpreisträgern, dass der Gedanke, nur den besten Menschen die Fortpflanzung zu gestatten, durchaus aktuell ist.[63]

Auch in der Entwicklungszusammenarbeit treten sozialdarwinistische Gedanken auf. Die Erfahrungen in diesem Gebiet zeigen, dass gewisse direkte Hilfe nicht langfristig wirksam ist. Materielle und finanzielle Unterstützung führt zum Teil nur zu Abhängigkeit und wirkt nicht gegen die Ursachen von Unterentwicklung, Armut und Hunger.[64] Diese Theorie wurde bereits früh von Sozialdarwinisten vertreten, die der Ansicht waren, dass kurzfristige Armenhilfe „ein vorsätzliches Aufspeichern von Elend für künftige Generationen"[65] darstellt.

Der Einfluss des Bevölkerungsgesetzes von Malthus auf den Sozialdarwinismus ist heute ebenfalls noch sichtbar. Singapur zog ein qualitatives Bevölkerungskonzept in Betracht, bei dem die Fortpflanzung der höheren, gebildeten Schichten finanziell gefördert werden sollte und der Verzicht auf Fortpflanzung für bildungsferne, ärmere Menschen prämiert werden sollte.[66] Man wollte durch diese letztendlich nicht umgesetzten Maßnahmen den „befürchteten generativen Intelligenz- und Leistungsverfall der Gesellschaft"[67] mindern.

Der Sozialdarwinismus ist also nicht nur eine realhistorisch bedeutende Theorie, sondern eine bestehende Denkweise vieler Menschen. Obwohl sich selten eine extreme Herangehensweise zeigt, wird Disegalität weitgehend akzeptiert und auch oft als natürlich und selbstverschuldet angesehen. In der heutigen Zeit jedoch kämpfen auch viele für Menschenrechte und Gerechtigkeit. Die chauvinistische Denkweise wird durch liberale und moralische Überlegungen überholt. Auch die Tatsache, dass der Sozialdarwinismus Gräueltaten rechtfertigen konnte, verhindert Gedanken solcher Natur insbesondere in Deutschland.

---

[63] Vgl. Waibl, E., Ökonomie und Ethik II. Die Kapitalismusdebatte von Nietzsche bis Reaganomics, S. 57.

[64] Vgl. ebd., S.59.

[65] Ebd., S.73.

[66] Vgl. ebd., S.57.

[67] Ebd.

5. Literaturverzeichnis

5.1 Primärliteratur

DARWIN, Charles: On the Origin of Species by Means of Natural Selection, or the Preservation of Favoured Races in the Struggle for Life, London 1859. HITLER, Adolf: Mein Kampf, München 1943.

PLOETZ, Alfred: Die Tüchtigkeit unserer Rasse und der Schutz der Schwachen, Berlin 1895.

PLOETZ, Alfred: Ziele und Aufgaben der Rassenhygiene. Leitsätze, o.O 1910. zit. nach MANN, Gunter: Rassenhygiene - Sozialdarwinismus in Biologismus im 19. Jahrhundert hg. von MANN, Gunter, Stuttgart 1973.

ROSENBERG, Alfred: Der Mythus des 20. Jahrhunderts, München 1934.

TILLE, Alexander.: Volksdienst. Von einem Sozialaristokraten, Berlin/Leipzig 1893.

5.2 Sekundärliteratur

BÄUML-STOSIEK, Dagmar u.a.: Forum Geschichte 11 Bayern, Berlin 2013. DOELEKE, Werner: Alfred Ploetz (1860-1940). Sozialdarwinist und Gesellschaftsbiologe, Frankfurt am Main 1975 zit. nach SCHMUHL, Hans-Walter: Rassenhygiene, Nationalsozialismus, Euthanasie. Von der Verhütung zur Vernichtung

>lebensunwerten Lebens< 1890-1945 Band 75 hg. von BENDING, Helmut u.a., Göttingen 1987.

JÄCKEL, Ernst u.a.: Hitler. Sämtliche Aufzeichnungen 1905 - 1924, Stuttgart 1980. LOSURDO, Domenico: NIETZSCHE der aristokratische Rebell. Intellektuelle

Biographie und kritische Bilanz Band II. Nietzsche und die antidemokratische Reaktion. Politik und theoretischer Überschuss hg. von REHMANN, Jan, Berlin 2009.

MAYER, Arno J.: Adelsmacht und Bürgertum, München 1988.

MANN, Gunter: Rassenhygiene - Sozialdarwinismus in Biologismus im 19. Jahrhundert hg. von MANN, Gunter, Stuttgart 1973.

PIPER, Ernst: Alfred Rosenberg. Hitlers Chefideologe, München 2005.

POHL, Dieter: Verfolgung und Massenmord in der NS-Zeit 1933-1945, Darmstadt 2011.

SCHMUHL, Hans-Walter: Rassenhygiene, Nationalsozialismus, Euthanasie. Von der Verhütung zur Vernichtung >lebensunwerten Lebens< 1890-1945 Band 75 hg. von BENDING, Helmut u.a., Göttingen 1987.

WAIBL, Elmar: Ökonomie und Ethik II. Die Kapitalismusdebatte von Nietzsche bis Reaganomics, Stuttgart – Bad Cannstatt 1992.

5.3 Internetadressen

http://www.politische-bildung-brandenburg.de/ (23.10.15). LENZ, Manuela: Evolutionstheorien in den Natur- und Sozialwissenschaften. Meldung vom April 2013. http://www.politische-bildung-brandenburg.de/node/9288

(23.10.15). TÜNGEL, Richard: Der Arier. Meldung vom 21.02.1946.

http://www.zeit.de/1946/01/der-arier/komplettansicht h

ttps://www.uni-muenchen.de/ (31.10.15) o.V.: Depressionen.

https://www.unimuenchen.de/einrichtungen/zuv/uebersicht/betriebsaerztl_dienst /beratungsstelle/ihre_anliegen/depressionen/index.html